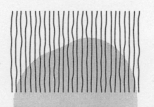

O BANQUETE DA MORTE

Ocupação do Sertão da Ressaca
Uma história para contar

Editora Appris Ltda.
1.ª Edição - Copyright© 2022 do autor
Direitos de Edição Reservados à Editora Appris Ltda.

Nenhuma parte desta obra poderá ser utilizada indevidamente, sem estar de acordo com a Lei nº 9.610/98. Se incorreções forem encontradas, serão de exclusiva responsabilidade de seus organizadores. Foi realizado o Depósito Legal na Fundação Biblioteca Nacional, de acordo com as Leis n.os 10.994, de 14/12/2004, e 12.192, de 14/01/2010.

Catalogação na Fonte
Elaborado por: Josefina A. S. Guedes
Bibliotecária CRB 9/870

A994b 2022	Azevedo, Hércules O banquete da morte : ocupação do Sertão da Ressaca ; uma história para contar / Hércules Azevedo. - 1. ed. - Curitiba : Appris, 2022. 61 p. ; 21 cm. ISBN 978-65-250-3097-5 1. História oral – Vitória da Conquista - Brasil. 2. Cultura. 3. Literatura. I. Título. CDD - 907.2

Appris
editora

Editora e Livraria Appris Ltda.
Av. Manoel Ribas, 2265 – Mercês
Curitiba/PR – CEP: 80810-002
Tel. (41) 3156 - 4731
www.editoraappris.com.br

Printed in Brazil
Impresso no Brasil

Hércules Azevedo

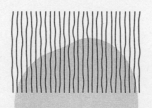

O Banquete da Morte

Ocupação do Sertão da Ressaca
Uma história para contar

Appris editora

FICHA TÉCNICA

EDITORIAL	Augusto V. de A. Coelho
	Marli Caetano
	Sara C. de Andrade Coelho
COMITÊ EDITORIAL	Andréa Barbosa Gouveia (UFPR)
	Jacques de Lima Ferreira (UP)
	Marilda Aparecida Behrens (PUCPR)
	Ana El Achkar (UNIVERSO/RJ)
	Conrado Moreira Mendes (PUC-MG)
	Eliete Correia dos Santos (UEPB)
	Fabiano Santos (UERJ/IESP)
	Francinete Fernandes de Sousa (UEPB)
	Francisco Carlos Duarte (PUCPR)
	Francisco de Assis (Fiam-Faam, SP, Brasil)
	Juliana Reichert Assunção Tonelli (UEL)
	Maria Aparecida Barbosa (USP)
	Maria Helena Zamora (PUC-Rio)
	Maria Margarida de Andrade (Umack)
	Roque Ismael da Costa Güllich (UFFS)
	Toni Reis (UFPR)
	Valdomiro de Oliveira (UFPR)
	Valério Brusamolin (IFPR)
SUPERVISOR DA PRODUÇÃO	Renata Cristina Lopes Miccelli
ASSESSORIA EDITORIAL	Manuella Marquetti
REVISÃO	Marilda Mendes da Silva
PRODUÇÃO EDITORIAL	William Rodrigues
DIAGRAMAÇÃO	Yaidiris Torres
REVISÃO DE PROVA	Renata Cristina Lopes Miccelli
CAPA	Renata Policarpo
COMUNICAÇÃO	Carlos Eduardo Pereira
	Karla Pipolo Olegário
	Kananda Maria Costa Ferreira
	Cristiane Santos Gomes
LANÇAMENTOS E EVENTOS	Sara B. Santos Ribeiro Alves
LIVRARIAS	Estevão Misael
	Mateus Mariano Bandeira
GERÊNCIA DE FINANÇAS	Selma Maria Fernandes do Valle

Em memória dos povos nativos, cuja saga não deve ser esquecida.

AGRADECIMENTOS

Agradeço de coração pela contribuição de Mônica Abud Vilanova, que realizou as ilustrações. Aos amigos Luiz Carlos Viana de Jesus, Jurema Cairo, Luis Cairo, Mariza Cairo, Paulo Cairo, Ubirajara Cairo, Gilvana Padre e Alberto Heráclito, pessoas que sabem o sentido de compartilhar, e ao povo da cidade de Vitória da Conquista, por sua hospitalidade e afetiva acolhida.

Agradeço também ao amigo professor Carlos Zacarias, pela leitura crítica e a escrita do prefácio, e à professora Claudia Ferreira, pela revisão crítica e pelas sugestões que me ajudaram a tecer estas linhas.

Esperança não significa uma promessa. Esperança significa um caminho, uma possibilidade, um perigo.

(Edgar Morin)

Voa nativo

Oprimido povo,

Nativo.

Voa, voa...

Raiz da Terra,

Equilíbrio.

Voa, voa...

Nativo.

Hércules Azevedo

APRESENTAÇÃO

Entre os elementos de nossa formação cultural que definem nosso ser e estar no mundo, destacam-se os relacionados às contribuições dos povos nativos. No entanto, o que percebemos em nossa realidade sociocultural é exatamente o contrário: basta verificarmos em que medida os valores, costumes culinários, ritos e mitos dos primeiros habitantes das terras brasileiras são conhecidos entre nós.

Na tentativa de contribuir para romper o silêncio em torno dessa temática, pedimos aos encantados e senhores da floresta que nos permitam contar um pouco dessa história. Nesse sentido, pretendemos, por meio da valorização da história oral, nos conectar com um jeito de viver e sentir de nossa ancestralidade na voz dos personagens aqui apresentados, procurando compreender o passado, particularmente dos povos indígenas Ymborés, Mongoiós e Pataxós, que hipoteticamente pertencem ao mesmo tronco linguístico: Macro-Jê, cujas peculiaridades foram utilizadas a favor dos colonizadores, que estabeleceram o domínio colonial escravizando ou exterminando nossos antepassados.

Diz-nos a lenda que essas formações tribais historicamente viviam em conflito no que diz respeito à ocupação e ao uso do espaço geográfico, elemento natural do modelo de vida adotado pelos povos nativos que habitavam, no fim do século XVIII, a Região Sudeste da Província da Bahia, cujo processo histórico de exploração colonialista deu origem ao município de Vitória da Conquista.

Os portugueses aproveitaram-se das contendas tribais e estabeleceram uma aliança tática com os Mongoiós; posteriormente, dizimaram os valorosos guerreiros Ymborés depois de uma luta fratricida, além de expulsarem os Pataxós da região conhecida como Sertão da Ressaca. Entre as estratégias que o homem branco utilizou para tomar as terras e a vida dos povos nativos, destaca-se o chamado Banquete da Morte, sobre o qual pretendemos contar.

O autor

PREFÁCIO

Uma viagem à cidade baiana de Vitória da Conquista transforma-se numa deliciosa narrativa das origens remotas do Sertão da Ressaca. Por meio de suas impressões, o professor de História Hércules Azevedo, em prosa rica e vívida de imagens e evocações do passado, oferece-nos uma etnografia de viajante. Servindo-se de histórias contadas pelos personagens locais, como se tivesse diante de si um banquete de oralidade, suas narrativas vão deslindando por meio de saberes ancestrais e tantas histórias passadas, desde as lutas dos povos Ymboré, Mongoió e Pataxó, primeiros ocupantes do Planalto da Conquista, até a chegada do homem branco colonizador.

De passagem pela cidade, os viajantes se hospedam na casa do Dr. Guerreiro Curimatã, irmão da generosa e dedicada Guaraci Curimatã, que, com a companheira de seu irmão, Criativa Curimatã, acolheu e ciceroneou os amigos durante a viagem. As histórias são contadas por meio das narrativas de Zé das Folhas, experiente comerciante da Feira da Patagônia que, por sucessivos dias, foi inventariando a história a ser contada: a ocupação do Sertão da Ressaca.

Com uma prosa agradável, transitando entre a história ensinada nas escolas e a história oral narrada pelos moradores locais, que travam com os forasteiros um prolífico encontro de conhecimentos, Hércules Azevedo conduz o leitor entre uma prosa, um aperitivo e muita comilança, até encontrar a cerimônia sinistra conhecida ancestralmente como Banquete da Morte. Nessa cerimônia, que dá título a este livro, os brancos "civilizados" criam as condições para a conquista, ponto de partida do extermínio físico e do epistemicídio, só não completado em função da existência da memória da ancestralidade.

Embora de imprecisa definição quanto ao estilo, o *Banquete da Morte* há de agradar o leitor pela forma da narrativa, pelo traço despojado do historiador que, acostumado a dar aulas, muitas vezes por meio dos esquemas e conteúdos que formalmente se impõem aos educadores, agora se torna aprendiz. Como assumido aprendiz, Hércules Azevedo almeja preservar uma história que lhe foi contada pelos que sobreviveram e que esperam que os saberes continuem a atravessar os tempos, apesar dos poderosos, apesar de todo o esquecimento e o silenciamento que tentam impor.

Carlos Zacarias de Sena Júnior
Departamento de História da Universidade Federal da Bahia (UFBA)

SUMÁRIO

INTRODUÇÃO | 19
UM VELHO CONTADOR DE CAUSOS | 21
BRIGA POR ESPAÇO | 35
MEU AMIGO DE HOJE, MEU INIMIGO DE AMANHÃ | 45
HORA DO BANQUETE | 51

INTRODUÇÃO

Manter viva e altiva uma formação cultural não é tarefa fácil, principalmente no contexto em que vivemos, de globalização. Ainda assim, acreditamos que o novo e o antigo podem e precisam aprender a coexistir para que, de forma coletiva, sigamos o curso da evolução, ao mesmo tempo que preservamos tudo aquilo que nos faz humanos.

Desse modo, não podemos prescindir de nossas origens e de buscar nelas os elementos fundadores e seus princípios norteadores, sem os quais não existe sentido em viver. Assim, utilizamos a literatura lastreada na cultural oral de nossa formação cultural para dar a conhecer a complexidade de quem somos.

O saber oral aqui apresentado não se destina a afirmar uma única narrativa; ao contrário: o que se pretende nas linhas que se seguem é dar vez e voz àqueles que não são ouvidos, muitas vezes por puro desconhecimento ou por preconceito, traço que, infelizmente, marca a relação entre os que detêm poder de fala e de escrita nestas bandas do nosso planeta.

É certo que um povo só pode assim ser denominado quando conhecer em que bases está fundamentada a sua existência. Acreditamos que, para poder chegar aonde desejamos, faz-se necessário saber em que elementos está assentada nossa singularidade, mas sem perder de vista a noção de coletividade.

Assim, convido o leitor a participar do Banquete com um olhar crítico, buscando perceber as virtudes e contradições de nossa inserção no mundo proposto pelos colonizadores de nossa terra, decifrando suas intenções, virtudes e defeitos e, ao mesmo tempo, procurando na cultura e no modo de viver e sentir dos povos nativos elementos de nossa identidade fundadora.

Para ajudar o processo de degustação, resolvemos sugerir o seguinte cardápio:

Entrada: UM VELHO CONTADOR DE CAUSOS – Visitar é bom, compartilhar também

Prato frio: BRIGA POR ESPAÇO – Uma antiga tradição

Prato quente: MEU AMIGO DE HOJE, MEU INIMIGO DE AMANHÃ – Lições

Sobremesa: HORA DO BANQUETE – Comer é morrer

O banquete já vai começar! Prepare-se e venha com Zé das Folhas degustar!

UM VELHO CONTADOR DE CAUSOS

Visitar é bom, compartilhar também

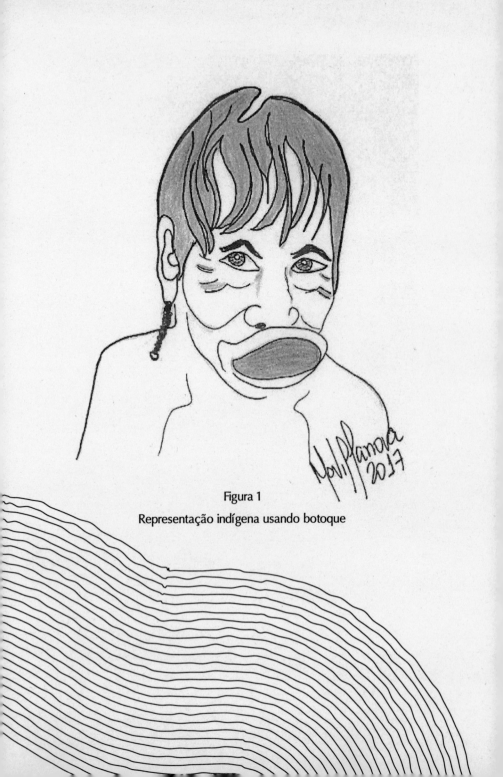

Figura 1
Representação indígena usando botoque

A hospitalidade e a afetividade são elementos culturais que têm um significado particular para a gente do sertão. Nesse sentido, encontramos variados exemplos de sua prática e importância como jeito de ser, agir e viver do povo brasileiro observado na forma como este recebe um visitante e ou estrangeiro. Por isso, o acolhimento seria uma característica positiva do povo sertanejo decantado em verso e prosa no meio literário ou no imaginário popular.

O convite que recebemos do casal de amigos Ubiratã e Guaraci Curimatã para visitar nossos amigos, o casal de origem – indígena Dr. Guerreiro Curimatã e sua esposa Criativa Curimatã, que residem na progressista cidade baiana de Vitória da Conquista, acabou se transformando em uma singular oportunidade de constatar e vivenciar exemplos de nossa singularidade como formação cultural.

Durante aqueles dias, passamos por uma série de experiências que muito nos marcaram, aumentando assim nossa curiosidade e interesse sobre a origem de uma série de hábitos e costumes do povo daquela localidade, que, certamente, contribuíram para ampliar nosso olhar em relação à cultura e a história popular da Bahia e do nosso país.

A hospitalidade com que o Dr. Guerreiro Curimatã, irmão da nossa querida amiga Guaraci, nos recebeu foi o sinal de partida e a oportunidade para compreendermos o real sentido de noções como: generosidade, compartilhamento, convivência comunitária, cujas práticas acreditávamos que tinham sido perdidas no tempo por força do modelo de vida e cotidiano dos grandes centros urbanos do nosso país.

O dia nem tinha acabado de nascer naquela sexta-feira do mês de junho; uma garoa acabara de molhar o pátio da casa do nosso anfitrião, Dr. Curimatã, importante membro da comunidade conquistense cujos serviços na área médica têm contribuído para a qualidade de vida da população, que gentilmente nos recebeu e acolheu em seu lar.

O ar, além de fresco, era naturalmente perfumado pelas flores, que, no amplo jardim da casa, também despertaram com a chegada do amanhecer, inundando os espaços. Acordamos sentindo um frio que congelava os pés, mesmo calçando meias. Ainda assim, levantamos e nos dirigimos ao banheiro para realizar o ritual de asseio pessoal e trocar de roupa. Da cozinha vinham cheiros típicos da culinária junina que de imediato foram percebidos por nosso sistema olfativo, e assim sentimos um desejo incontrolável de comer.

Guerreiro e Criativa já estavam acordados e prepararam um saboroso desjejum para todos. Assim, tivemos a deliciosa oportunidade de degustar o fabuloso café da manhã, momento em que saboreamos uma variedade de guloseimas típicas da região, a começar por um enorme sanduíche de requeijão acompanhado por uma xícara de café com leite e mais um apetitoso pedaço de bolo de milho e outro de tapioca. Não deixamos de experimentar, metodicamente seguindo a ordem, deliciosas porções de inhame, cuscuz, batata-doce e aipim, cuidadosamente misturados à farta porção de carne de sol e ovos de quintal, pequenas fatias de requeijão, além da famosa pamonha de milho e, por fim, uma variada porção de frutas que também foram utilizadas na produção de sucos variados, que nos abasteceram muito além do satisfatório, pois vivenciamos um momento de glutonaria.

No decorrer da comilança, meu amigo Ubiratã me fez o convite de irmos à feira fazer algumas compras, o que de pronto aceitei. O Dr. Guerreiro Curimatã, cuja rotina tinha sido alterada com a nossa chegada, já tinha se aprontado para trabalhar e combinou de nos encontrar à noite para jantar e conversarmos.

Após o café da manhã, retornamos aos nossos aposentos para vestir as roupas necessárias à realização de nossa visita comercial, como combinado durante a comilança, nos dirigimos à garagem da casa e embarcamos no automóvel. Desse modo, partimos do Bairro Candeias, onde está localizada a residência da família Curimatã, passando pela Avenida Bartolomeu de Gusmão, indo até a rotatória; de lá seguimos pela Avenida Paraná e realizamos, ao seu final, uma manobra para esquerda, seguindo para Avenida Frei Benjamin até chegarmos à Feira da Patagônia. Paramos e estacionamos o carro no pequeno estacionamento de frente para ela.

Durante o percurso, tomamos conhecimento de uma série de detalhes sobre o espaço organizacional da feira – que recentemente tinha sido alvo de intervenção do Poder Público Municipal com o propósito de normatizar e padronizar os espaços que ainda estivessem ocupando as dependências da feira de modo informal, característica denominada por meu amigo Guerreiro como "bagunça organizada". O regramento imposto pelos gestores públicos obrigou os comerciantes a observarem a lógica racional do ente estatal.

Foi assim que surgiram na feira espaços para frutas e verduras, hortaliças, secos e molhados, tecidos, utensílios domésticos, folhas medicinais, alimentação etc, dando um novo sentido ao que antes era uma ocupação espontânea de espaços ditada pela sobrevivência, mas que passava a ser regulada pelo poder. Desse modo, nos dirigimos para os setores da feira que mais nos interessavam. Inicial e preventivamente, realizamos as compras que tinham sido listadas em uma folha de papel por Criativa e, assim, após colocarmos tudo no carro, nos sentimos livres para realizarmos o reconhecimento dos espaços da feira, o que de fato, e na verdade, mais nos motivara a ali estar.

No decorrer da nossa caminhada, nos deparamos com a barraca de ervas e folhas medicinais de seu Zé das Folhas, homem que já passava da meia-idade e, como diz o sertanejo, "de pouco estudo". Ele nos revelou, sem constrangimentos, mas com certo ar de lamento: "Tirei apenas o primário".

A forma generosa como o comerciante nos recebeu em seu pequeno espaço e a capacidade de compartilhar seus conhecimentos adquiridos com o passar do tempo foi fundamental para que tomássemos conhecimento de uma série de questões cuja invisibilidade é patente em nossa formação cultural, já que muito pouco ou quase nada se sabe a respeito das nossas origens indígenas.

O espaço comercial era muito pequeno por força do tipo de produto que seu Zé ali comercializava. No entanto, o tempo que passamos com ele nos proporcionou acesso a uma variedade de causos e histórias que minuciosamente nos foram contadas, sempre de forma lúdica e poética, por meio de ladainhas ou de cordéis harmoniosamente cantados por repentistas, que também tivemos a felicidade de conhecer. De quando em vez, eles paravam no estabelecimento de seu Zé, chamando a atenção da clientela, para amealhar simpatia e arrecadar alguns trocados; ali, a arte emoldurava de cor o ambiente imagético da feira — característica que singularmente pode ser observada em diversas feiras no interior do Nordeste do Brasil.

O comerciante também acabou se revelando um apaixonado habitante da cidade. Homem de traços fortes e cabelos negros e lisos, de feições que nos fazem lembrar nossas origens indígenas, ele nos deu o prazer de nos contar como, segundo seu conhecimento, surgiu o sítio de Vitória da Conquista.

A oralidade tem sido, com o passar do tempo, a ferramenta mais importante das estratégias comerciais criadas pelo ser humano e, particularmente, no âmbito popular, é o instrumento fundamental utilizado pelos comerciantes nordestinos para atrair e ganhar a simpatia de todos que frequentam os ambientes de troca criados historicamente pela sociedade. Por essa razão, e no sentido de preservar e divulgar o que seu Zé nos deu a oportunidade de compartilhar a partir de sua experiência de vida, resolvemos relatar o que aprendemos com o sábio que encontramos em pleno labor na Feira da Patagônia.

Tudo começou quando ele, em voz alta, anunciou:
    Dá licença, minha gente!
    De minha origem vou falar.

Meu povo era uma gente bonita
Usavam cocares de penas
Produziam cerâmicas e fibras de palmeira
Viviam pra pescar e caçar.

E logo após declamar a ladainha, o esperto comerciante fez a divulgação do seu comércio. Mais uma vez, tivemos a sorte de ver o uso das palavras como ferramenta de labor da gente do povo em sua labuta pela sobrevivência; assim, ele dizia em voz alta:

— Minhas senhoras e meus senhores, os produtos que lhes ofereço em minha barraquinha têm origem e tradição do povo Mongoió, gente que habitava este sertão desde as margens do Rio Pardo até o Rio das Contas. Meu avô me ensinou que por essas bandas também viviam os Ymborés, que tinham o hábito de usar um botoque de madeira nas orelhas e nos lábios. Era uma gente bonita, forte, guerreira e muito habilidosa na caça e na pesca.

Ele também falava do povo Pataxó, que era excelente caçador, e de como eles saíram da região a partir da chegada do homem branco, obrigados a fugir para outras bandas da Bahia.

Misturados entre os clientes, em pé e de frente para o pequeno comércio de seu Zé das Folhas, simultaneamente retrucamos, curiosos:

— É mesmo, meu velho?

— Bem, se os senhores têm tempo e disposição para ouvir...

Animados, cada um de nós procurou um lugar para se sentar, esquecendo o que ainda tínhamos a fazer, pois as compras ficaram no automóvel e em nossa mente corria a ideia: estamos de férias e, portanto, temos tempo disponível para ouvir aquele maduro senhor que nos cativava à medida que nos contava sua história.

Disse-nos o alegre e contagiante comerciante:

— Na comunidade de que faço parte, os mais experientes ensinam os mais jovens por meio de histórias. Foi assim que aprendi como meus ancestrais viviam (antes da chegada do homem branco) nestas cercanias, nas matas e florestas da região, no tempo antigo.

Os povos de que falamos são os seguintes: Ymborés, Mongoiós e Pataxós.

Enquanto eu fiquei admirado com a desenvoltura e o conhecimento demonstrado por aquele senhor, confirmava o que ele dizia com o típico balanço de cabeça. Ubiratã perguntou ao experiente contador de história:

— Muito bem, senhor! Sobre as tribos que habitavam a região nós já temos conhecimento, estudamos e aprendemos na escola! O que de novidade o senhor pode nos contar?

E, carinhosamente, ele então exclamou:

— Ah! Que bom que os senhores sabem alguma coisa. Só que vou botar pimenta neste angu e acredito que vão gostar.

Enquanto isso, meu querido amigo Ubiratã continuava a dialogar com seu Zé e eu me dediquei a desenhar e fazer registros em um pequeno caderno que sempre levo comigo para, toda vez que encontrar algo interessante, ir anotando e desenhando, para posterior estudo.

A conversa foi ganhando rumo e conteúdo e Ubiratã fez a seguinte observação ao sábio comerciante:

— Olhe, meu velho, aprendemos na escola, apesar de nossa total discordância com o professor, que os indígenas eram passivos, calmos e hospitaleiros, mas que, infelizmente, eram muito preguiçosos e que os africanos eram rudes e primitivos em seus hábitos! O que o senhor nos diz a respeito?

— Veja, meu senhor, vou lhe contar o que meus ancestrais me ensinaram e acredito que eles não mentiram para mim. As comunidades antigas tinham modos e costumes diferentes e certamente interesses nos territórios também diferentes. Acredito que o senhor pode entender isso.

Naquele instante, o sábio fez uma expressão solene e perguntou:

— O amigo já observou como os animais sabem marcar muito bem o seu espaço, não é mesmo? Os bichos definem muito bem o seu espaço de morar e de busca de alimento, e isso é natural deles. Ora, veja! Os meus ancestrais viviam em contato direto com os animais e, sem medo de errar, aprenderam muito com eles. Esse é o nosso modo de pensar. Acredito que foi observando a natureza que eles passaram também a marcar o espaço de morada. Os senhores não acham isso normal, não? Saibam que nós só trabalhamos para obter o que é necessário para sobreviver e não temos a preocupação de ajuntar e guardar nada, e assim vivemos muito bem.

Naquele momento, meu amigo Ubiratã e todos ao redor de seu Zé das Folhas foram surpreendidos com a nossa intervenção no diálogo, pois afirmamos:

— Muito bem, o senhor nos deu uma razão para pensar melhor a respeito do modo de vida dos povos indígenas, até porque o que a maioria das pessoas conhece foi o que lhes ensinaram na escola e, de fato, os professores, em sua grande maioria, pouco sabem dos seus próprios ancestrais.

— De fato, não consigo compreender por que nas escolas só abordam a temática indígena no Dia do Índio, de forma folclórica.

— Desculpem o desabafo! Pode continuar, seu Zé.

Nesse instante, o aparelho celular de Ubiratã começou a tocar, mas estávamos tão entusiasmados que ele, lamentavelmente, não percebeu, e foi assim que perdemos o horário de retorno para levar as compras que Criativa Curimatã nos encomendara e esperava para fazer o almoço. Ainda assim, atentos e quase sem piscar os olhos, continuamos ouvindo as histórias de seu Zé das Folhas.

— Então, como estava dizendo, os Ymborés eram um povo forte e guerreiro e ocupava uma extensa parcela das cercanias da região que também era chamada pelo povo de Sertão da Ressaca.

Nesse momento da prosa, nós quase simultaneamente interrompemos o contador de causo para indagar:

— Por que Sertão da Ressaca, seu Zé?

Ele, todo prosa, com os olhos melancólicos e quase lacrimejando, mas com uma postura corporal que demonstrava o orgulho que sentia, nos respondeu:

— Bem, meus amigos, o caso é o seguinte: meu avô me ensinou que as terras que ficavam entre o Rio Pardo e o Rio das Contas eram muito baixas e com um intenso matagal e que em sua volta corria uma grande serra, por isso o povo a chamava desse jeito.

Ubiratã Curimatã se levantou um pouco, estirando as pernas, realizando um rápido alongamento do corpo, já que estava sentado há um tempo razoável e começava a sentir câimbras, e então falou:

— Certo, seu Zé, compreendemos. O lugar tinha a aparência de uma baía composta por vegetação e era cercado por uma grande quantidade de rochas. Foi por isso que o povo se acostumou a chamar desse jeito, não foi?

O sábio, matreiro, então retrucou:

— Meu senhor, tu és muito sabido, viu!

Para nossa surpresa, chegaram à barraquinha dois cantadores conhecidos e populares entre os feirantes e assíduos frequentadores da feira, denominados de Melado e Meladinha, que logo foram se aproximando e cantando uns repentes que buscavam angariar a nossa simpatia, pois a temática deles girava em torno da figura de meu amigo Ubiratã e de nossa pessoa. Desse modo, o pequeno comércio de seu Zé das Folhas foi se ampliando, já que curiosos começaram a vir se avolumando para ouvir as histórias e os cantadores.

Entre uma ladainha e outra, realizávamos uma parada para "molhar a garganta" — hábito tradicional e hegemonizado curiosamente pelos homens que frequentam o ambiente de feira, que invariavelmente conta com um espaço destinado ao comércio de bebidas e dos saborosos tira-gostos, itens essenciais à manutenção da convivência social masculina de toda estrutura comercial popular. Isso me fez pensar como esse aspecto daria um bom estudo histórico, sociológico e antropológico da nossa organização social.

Nesse contexto, pedimos a um rapaz que curiosamente observava tudo, mas que estava um pouco adiante, na barraca vizinha, para nos fazer um favor. E ele, de pronto, foi buscar uma garrafa de pinga, uma cerveja e petiscos típicos de feira para todos se deliciarem.

E assim a prosa se ampliou, mas agora seu Zé das Folhas tinha concorrência no que dizia respeito à hegemonia da palavra dos repentistas, que, por sua vez, aproveitavam todas as brechas para inundar o ambiente com seus sons e cantos.

Seu Zé, percebendo a ameaça à sua liderança, afinal era um sábio matreiro, imediatamente chamou a atenção de todos para o seguinte causo que passou a nos contar e cuja história, segundo ele, poderia se tornar um interessante mote para um repente, o que agradou aos repentistas. Assim, todos calados e atentos, nos concentramos para ouvir o que aquele senhor de saber tinha a dizer:

— Sabe, gente, uma das formas encontradas pelos portugueses para acabar com seus adversários, neste caso, com meus antepassados, foi por uma prática comum dos povos antigos: a realização de um acordo e, depois de adquirir a nossa confiança, o convite para participar de um banquete!

Ubiratã, de olhos esbugalhados, perguntou:

— É mesmo, seu Zé?

E ele então, em atitude parecida com a de um professor diante da curiosidade dos seus alunos, pediu-nos para prestar atenção e, quando iria começar a responder, o celular recomeçou a tocar, só que desta vez meu amigo percebeu e o atendeu – era Criativa cobrando as compras e querendo saber o que tinha ocorrido, pois estava preocupada imaginando coisas.

Por essa razão, pedimos licença a seu Zé, aos repentistas e à audiência, que àquela altura era muito grande. Naquele instante, percebemos que nosso encontro tinha se transformado em um evento cultural informal que chamara a atenção de um público muito variado. Assim, agradecemos a todos e retornamos para casa. À nossa saída, o astuto comerciante nos fez combinar em alto e bom som que no dia seguinte retornaríamos para ouvir a história do acordo e do banquete que nos deixara curiosos.

No retorno para casa, conversamos mais um pouco sobre a quantidade de informações que recebemos e constatamos como é rica e diversificada a memória popular.

Chegando à casa, recebemos a tradicional bronca da dedicada e preocupada amiga e anfitriã Criativa Curimatã (muito justificável) e nos dirigimos para a cozinha, onde deixamos as compras. Depois, cada um se dirigiu aos seus aposentos para tomar banho e vestir roupas limpas, ritual que precedia o almoço, que àquela altura seria de fato nosso jantar.

Mais tarde (à noite) e com o estômago preparado para uma nova jornada digestiva, visto que, devido ao nosso atraso, os compromissos que tínhamos agendado foram modificados, decidimos concluir o dia em casa e nos reunimos na sala de visitas — espaço decorado de forma moderna, com um amplo sofá e cadeiras confortáveis —, onde o Dr. Guerreiro Curimatã, a esposa e seus filhos nos recepcionaram com uma ampla e variada gama de guloseimas originais da cidade: sequilho, voador, doces variados e uma quantidade razoável de licor de diversos sabores.

Durante o minibanquete que tivemos a alegria de compartilhar com o Dr. Curimatã, fomos agraciados com mais um pouco de história da cidade, momento em que ele nos contou o que tinha aprendido com seus familiares e com gente antiga da cidade sobre o processo da fundação do arraial de Vitória da Conquista.

— Então, amigos, estiveram na Feira da Patagônia conhecendo um pouco da cultura do povo da terra, não foi? Toda vez que vou fazer compras, faço uma parada no Box de Sinhá Jaci. Vocês a conheceram? Ela faz uma buchada de bode que é a melhor da região, além de ser uma excelente contadora de causos. Foi ela quem me ensinou sobre o processo de formação da cidade de Vitória da Conquista. Segundo ela, a cidade foi construída a partir da chegada do português João Gonçalves da Costa, que tinha sido agraciado pelas cortes com uma sesmaria em nossa região; posteriormente, as terras acabaram divididas em fazendas que foram entregues aos seus parentes e amigos. Outra curiosidade que ela nos contou, em uma das vezes que fui ao seu estabelecimento fazer uma refeição, diz respeito ao processo de desenvolvimento comercial e cultural da nossa região, que tem ligação com o processo de abertura das estradas reais e, posteriormente, com a criação do serviço de tropa, os famosos tropeiros, que são a fonte de inspiração para a arte produzida por Elomar Figueira Mello e pelo cantador Xangai, dois dos mais representativos artistas conquistenses.

Nesse instante, Ubiratã e eu ficamos atentos para as informações que nosso anfitrião nos prestava e, assim, corri ao quarto e peguei meu caderno de anotações, registrando tudo de que acabara de tomar conhecimento. No entanto, o Dr. Guerreiro pediu licença e nos alertou para a necessidade de darmos atenção à criançada, que já tinha se alimentado e aguardava ansiosa para "soltar os fogos".

Por isso, nos deslocamos para a frente da casa para assistir à tradicional queima de fogos juninos e, logo após a "chuva de fogos", retornamos aos nossos aposentos para dormir, afinal o dia tinha sido recheado de intensas atividades comerciais, culturais, emocionais e laborais, e estávamos todos cansados.

BRIGA POR ESPAÇO

Uma antiga tradição

Figura 2
Representação do encontro entre os nativos e o colonizador europeu

No dia seguinte (sábado), um brilhante raio de sol nos acordou, nos levantamos das camas ávidos para retornar à feira e retomar a prosa com seu Zé. Por essa razão, realizamos as atividades matinais na casa do Dr. Guerreiro, que, diga-se de passagem, fazem parte das nossas melhores recordações, pois ainda sentimos o cheiro do café da manhã, doce lembrança que temos daqueles dias — foram divinos.

Novamente nos dirigimos à feira, agora já sabendo exatamente para onde ir: à barraca de ervas e folhas de seu Zé das Folhas. O espaço tinha sido impecavelmente limpo e, para nossa surpresa, os repentistas já estavam a postos em frente ao estabelecimento cantarolando versos para nos receber. Detalhe: o comerciante preventivamente encomendara uma singela mesa de petiscos e uma garrafa de pinga de produção artesanal para nosso deleite.

Então, nos sentamos, e o comerciante, nosso anfitrião, começou a falar:

— Bom dia, meus amigos! Não sei se vocês sabem, mas os povos antigos, particularmente os meus antepassados, eram muito astutos e competitivos, e por isso viviam em escaramuças por causa do espaço para caçar e pescar. Olha, meu avô me contava, quando eu era criança, uma história que pode servir para explicar as causas das brigas entre os Ymborés e os Mongoiós que aconteciam por estas bandas. Dizia ele que nas terras do Sertão da Ressaca morava uma onça muito forte e poderosa que, quando rugia, o barulho que ela fazia dava para ser ouvido por todo canto.

Ele, de forma engraçada, quase que imitando o barulho e os gestos do animal, explicava que essa era a forma da onça de afastar outras onças de sua área, pois ela sabia muito bem qual era o tamanho do espaço que precisava para poder caçar e se alimentar. Segundo ele, foi observando o jeito como os animais se comportavam que os povos antigos aprenderam a se proteger e viver na terra.

Ubiratã, em tom de brincadeira, fez o seguinte questionamento ao nosso contador de histórias:

— Quer dizer então, seu Zé, que seus ancestrais inventaram uma forma de educação baseada na ecologia?!

— Bem, meu senhor, eu não sei o que é isso que o senhor falou, não. O que sei é que o povo antigo aprendia tudo com a vida e respeitando o tempo, as matas, as águas e as folhas. Como já falei, meus ancestrais aprenderam muito com o jeito de viver dos bichos e era assim que eles ensinavam aos mais jovens: contando histórias que servissem de exemplo para utilizar em seu dia a dia. E foi assim que eu aprendi e vivi até aqui. Vovô dizia que os povos antigos viviam da caça e pescavam nestas bandas e, de quando em vez, se encontravam no meio do mato, o que gerava rusgas e brigas entre eles. Ora, veja! Cada um tratava de proteger o seu interesse, e eu acho que isso era normal.

Aparentando certa tensão no olhar, seu Zé buscou nossa concordância e atenção afirmando:

— Senhores! Tudo o que sei foi meu avô que me ensinou e ele era um homem muito honrado, não tinha nenhuma razão para mentir. Em nossa tradição, aprendemos a partir do que sabemos sobre o nosso passado, e foi assim que descobri a razão para as brigas entre as tribos. Penso que, como as onças não aceitavam muito bem a ideia de ver seu espaço ocupado por outros animais, meus ancestrais assim também agiam. Acredito que o que mais os irritava era quando um povo diferente do seu andava em seu lugar de morada e de vida.

Ubiratã Curimatã, muito perspicaz, então perguntou a seu Zé:

— O senhor nos deu uma explicação muito interessante para a questão das disputas por espaços e terras praticadas naquela época, mas, nos diga, o que foi que aconteceu depois?

— Ora, ora, meus amigos, com a chegada dos brancos, a disputa entre os Ymborés e os Mongoiós só fez crescer, a ponto de ameaçar a vida de todas as tribos.

Nesta fase da conversa, seu Zé voltou a ficar com um jeito meio triste... Acreditamos que aquelas lembranças mexeram muito com sua emoção.

No entanto, uma inesperada surpresa aconteceu! Aproximou-se da barraca de seu Zé das Folhas um jovem que, para nossa alegria, era nosso amigo, o professor Heráclito, cuja convivência e amizade formamos no período em que realizamos nossos estudos universitários no curso de História da Universidade Católica do Salvador – UCSAL.

Ele educadamente cumprimentou a todos, pediu licença, sentou-se em nossa companhia e passou a participar da conversa e, como era de seu comportamento social, foi logo perguntando a seu Zé:

— Muito bem, meu caro, como foi que o senhor aprendeu sobre as artimanhas preparadas pelo homem branco, que na escola chamamos de colonizadores?

— Tudo que já disse aos senhores é o resultado das histórias que meu avô me contava. Desse jeito, vou aproveitar a oportunidade para contar mais algumas, principalmente depois da chegada entre nós do nosso novo e curioso amigo professor. Meu avô me contou que a tribo dele, quando tinha que tomar uma decisão, agia em grupo. Na verdade, eles faziam tudo realizando a roda; era o momento em que os sábios e os mais experientes do grupo conversavam e daí se tomava uma decisão. A roda também era realizada para celebrações ou para relembrar parentes mortos. O cacique sempre ficava no centro e contava tudo para todos saberem. Na roda, os mais antigos contavam histórias para toda a gente do lugar, de como foi que o homem branco tomou as terras do povo, matando e escravizando os nossos parentes. Meu avô não sabia explicar por que os brancos eram tão gananciosos e por que chegaram à aldeia à procura de ouro e diamantes, aproveitando-se da boa vontade da minha gente, tomando as terras, coisa que o povo antigo não fazia, mesmo quando brigava com outro povo, de outra nação, como era o caso das brigas com os Ymborés, que contei para vocês antes do nosso novo amigo chegar.

Infelizmente, quando a história começava a ganhar força, percebemos que o dia já estava terminando. Novamente o "detetive eletrônico" tocou: era Criativa Curimatã nos alertando para os eventos festivos e familiares que faziam parte da nossa agenda de férias e, que, de certo modo, estavam sendo negligenciados por nossa compulsão em ficar na feira horas a fio a conversar.

Por essa razão, mais uma vez, pedimos licença e nos comprometemos a retornar no dia seguinte, e voltamos para a casa de Dr. Guerreiro. Obviamente, combinamos com nosso amigo Heráclito de nos encontrarmos mais tarde para confraternizar.

Depois do banho e de trocar as roupas, saímos para encontrar nosso amigo Heráclito em sua casa. De lá ele nos levou para conhecer a residência de uma querida amiga, Maíra Gil, que, entre outras coisas, realizava pesquisas sobre as origens da sua cidade natal. Recordo-me que, ao chegar à casa dela, ouvimos tocando no aparelho de som um clássico da discografia nacional: a famosa *Cantoria I*, registro do encontro artístico de Elomar, Geraldo Azevedo, Vital Farias e Xangai.

A casa era simples, mas muito bem arrumada, e por todos os cantos encontrávamos esculturas, pinturas e trabalhos artesanais oriundos da gente da terra. Na sala de visitas, um belíssimo sofá e um lindo tapete com a imagem de uma onça compunham o espaço, cercado por uma variada quantidade de almofadas de todos os tamanhos, onde nos sentamos.

Foi nesse ambiente bucólico e cultural que realizamos uma roda de conversa muito enriquecedora sobre as raízes culturais de Vitória da Conquista.

Maíra Gil iniciou a conversa chamando a nossa atenção para a diversidade cultural que poderíamos encontrar nas feiras populares da cidade (Mercado Municipal, Feira da Patagônia etc.) e para a forte influência dos elementos culturais indígenas no jeito de ser e agir do povo da região.

Animados, abrimos uma cerveja enquanto ela nos servia uma variada porção de petiscos, o que nos manteve ativos e bem alimentados durante nossa estada naquela aconchegante morada. Espalhados na sala, cada um em uma das várias almofadas disponíveis, ficamos à vontade. Nesse momento, Heráclito resolveu falar:

— Que bom ter encontrado vocês hoje na feira, meus queridos; como de praxe, sempre juntos, não é, Baixinho e Miau? (apelidos dos tempos de faculdade). Adorei a conversa com seu Zé das Folhas. Ele tem uma memória espetacular e um carisma contagiante. Que pena que ele não está aqui! E vocês, o que acharam do relato que ele nos fez hoje?

Nesse momento, Maíra Gil desligou o aparelho de som, renovou o estoque de cerveja e de petiscos, sentou-se e passou a prestar atenção e a participar da conversa.

Guerreiro e eu novamente abraçamos Heráclito e começamos a dialogar sobre as questões históricas que ele provocativamente nos fazia, esperando descobrir nossa opinião.

Inicialmente, Ubiratã falou:

— Recordo-me que Heráclito, certo dia, nos chamou a atenção para a necessidade de utilizarmos as fontes de origem oral. Aliás, lá na feira, deu para constatar a riqueza e a diversidade desse tipo de fonte e de como podem contribuir para o processo de aquisição do conhecimento de variados aspectos da História, notadamente no âmbito da denominada Micro-História, ou História do cotidiano. Agora compreendo e lamento que as ferramentas metodológicas da História oral tenham sido tão pouco difundidas e utilizadas na faculdade em nossa vida acadêmica, certamente por certa má vontade metodológica, vocês não acham?

Mais uma vez, respondi à pergunta com o simples gesto de balançar a cabeça positivamente. Já Heráclito respondeu com a seguinte afirmação:

— Sem dúvida, Ubiratã! Mas não podemos nos esquecer de ter cuidado com a questão da parcialidade de quem relata determinado fato, de cruzar as fontes orais com outras, inclusive documentais, em busca de nos aproximarmos ao máximo da realidade. Certamente seu Zé pode nos trazer uma série de informações, só que cabe ao pesquisador verificar e comparar com outras fontes para assim chegar a uma compreensão melhor da História.

Ainda com a palavra, Heráclito nos disse:

— Queridos, evocando nossos frutíferos debates durante as aulas de História do Brasil I, principalmente sobre o processo de expansão marítima, é preciso lembrar que os portugueses realizaram um empreendimento que começa com as Grandes Navegações e tem como consequência a conquista de novas terras e sua posterior ocupação territorial. Isso tudo teve um custo que não foi apenas econômico, mas principalmente humano, seja para seus representantes além-mar, seja para os povos nativos, de fato os maiores prejudicados com a chegada dos colonizadores. Nesse sentido, o relato de seu Zé das Folhas nos apresenta um olhar interessante, pois trata-se da voz de alguém que teve a oportunidade de aprender a esse respeito por meio da tradição de seu povo; afinal, foi pela transmissão oral que sua gente legou o conhecimento sobre o modelo de ocupação praticado pelos europeus no novo mundo.

Quando Heráclito ia continuar sua reflexão, pedi a palavra e pontuei o seguinte:

— De fato, para compreendermos a Modernidade, precisamos realizar uma abordagem ampla, que analise a motivação empreendedora dos europeus que, nesse período da História, nutriam a crença de que tinham uma "missão civilizatória" a cumprir; portanto, eram portadores de uma ideologia que legitimava e justificava suas ações. Era o início da chamada Idade Moderna e, para a lógica europeia pragmática e racional, era tempo de levar luz àqueles que estavam na escuridão. O problema é que eles acreditavam serem os portadores dessa iluminação e que o desconhecido, o outro, deveria ficar feliz em receber a boa-nova. Por dedução lógica, a luz tinha que chegar ao outro, nesse caso aos que não fossem europeus... Até porque, cabia ao chamado Velho Mundo salvar o resto do mundo, que passava, por meio das Grandes Navegações, a ser desbravado e conhecido para eles, "civilizados".

Heráclito, como não poderia deixar de ser, deu destaque e chamou-nos a atenção para um elemento curioso do processo de ocupação do território brasileiro que podíamos perceber em Vitória da Conquista, nesse caso um elemento de Micro-História que podíamos inferir da fala de seu Zé das Folhas quando ele nos contou como os brancos, estrategicamente, aproveitaram-se das rivalidades entre as tribos locais para tirar vantagem e dominar o espaço geográfico e impor sanções aos povos nativos.

Foi aí que Maíra Gil pediu a palavra e trouxe uma nova série de informações para o debate:

— Vejam, queridos! Ontem estive participando de um seminário sobre a fundação da cidade, promovido pela Universidade Estadual do Sudoeste da Bahia – UESB, e, durante a apresentação de uma pesquisadora da área de História, ela afirmou que o colonizador português utilizou-se de diversos estratagemas, entre os quais o estabelecimento de pactos e acordos com tribos nativas, dando como exemplo um estudo de caso realizado por seu núcleo de pesquisa que constatou, entre outras coisas, que os representantes dos interesses coloniais e os Mongoiós mutuamente se beneficiaram do processo de luta que resultou na derrota dos Ymborés, mas cujo resultado final acabou contribuindo para o estabelecimento da hegemonia da Coroa na região em que fundaram a cidade de Conquista. Para a pesquisadora, a prática do pacto, do acordo, foi decisiva para que prevalecessem os interesses coloniais portugueses. Eles se aproveitaram da vantagem estratégica de ter estabelecido um compromisso com um aliado que conhecia as virtudes e fragilidades do inimigo comum, os Ymborés, somado ao reforço estratégico do apoio bélico dos guerreiros Mongoiós. Dessa forma, acabaram derrotando, de forma decisiva, seu adversário mais resistente, abrindo caminho para que, posteriormente, os representantes do sistema colonial consolidassem a conquista lusa das terras nativas.

Maíra Gil, em tom de celebração, concluiu nosso encontro fazendo a seguinte observação:

— Gente, nosso reencontro foi muito produtivo, visto o nível dos debates e a troca de informações que estabelecemos. Mesmo com alguns momentos de divergência e outros de consenso, tudo transcorreu para que pudéssemos renovar os laços de amizade, além de permitir o consumo de uma razoável quantidade de cervejas e petiscos. Por isso, sugiro que finalizemos ouvindo uma seleção de músicas de compositores da região.

Por fim, nos despedimos de Maíra Gil e voltamos para casa, deixando Heráclito em sua residência antes de retornarmos.

MEU AMIGO DE HOJE, MEU INIMIGO DE AMANHÃ

Lições

Figura 3
Representação do pacto entre o colonizador e o nativo

No domingo, dedicamos todos os momentos ao convívio familiar e a passeios e confraternizações com os familiares de Guerreiro e Criativa que fomos conhecendo ao passar do dia.

Na segunda-feira, Criativa, Guaraci e Janaina (minha esposa), que já estavam prontas, nos acordaram fazendo um pedido especial: tomarmos o café da manhã em um estabelecimento popular que pertencia a uma antiga amiga de Criativa e que, devido a sua localização, facilitou nossa ida à feira para completar a prosa com seu Zé. Assim, fomos todos para o centro da cidade tomar café no restaurante de Luz Piratininga, onde nos abastecemos de um grande volume de delícias, a começar por um prato de aipim (macaxeira) com carne assada, acompanhado de café com leite, bolos, biscoitos e um rico assado de bode produzido na hora pela proprietária do estabelecimento.

Quando terminamos de comer, nos despedimos das meninas, que foram conhecer outros espaços da cidade, enquanto nos dirigimos precisamente para o espaço comercial de seu Zé, na Feira da Patagônia, para ouvir o restante da prosa que ele ficou de nos contar. Mais uma vez nos sentamos e seu Zé foi contando a história como se não tivesse sido interrompido.

— Bom dia, meus senhores! Como dizia meu avô, os brancos que chegaram e tomaram as terras dos nossos ancestrais eram cheios de artimanhas e espertezas. Eles se aproveitaram das brigas que os Ymborés e os Mongoiós mantinham, há muito tempo, para espertamente dominar tudo e todos. Eles deram uma lição aos povos antigos, que até então acreditavam na ideia que tinham aprendido com seus ancestrais que dizia assim: "se você tem um inimigo mais forte que você, o correto, o inteligente será você se unir a ele". E foi isso mesmo que aconteceu com os Mongoiós, que, percebendo a força das armas dos portugueses, uniram-se a estes por meio de uma aliança para, em maior número e contando com a força das armas dos brancos, derrotarem os Ymborés. Vovô me contou que o cacique da tribo não esperava que os seus amigos brancos mudassem de comportamento e passassem a tratar o povo Mongoió como seus inimigos, tomando-os como escravos e esquecendo que eles tinham sido muito importantes para ajudar a derrotar os Ymborés. No final das contas, meus amigos, o bendito acordo serviu de lição para o meu povo e teve como resultado a derrota e a escravidão para muitos e, para os que mais resistiram, restou apenas a morte. Vovô sempre me disse que, quando terminasse de contar o que tinha acontecido no passado, eu deveria sempre aprender a lição que ficou de tudo que aconteceu. Ele me alertava que deveríamos ter cuidado com as escolhas que fazemos, pois, segundo aprendeu, "o amigo de hoje pode ser o inimigo de amanhã". E foi por essa razão que os Mongoiós, que não aceitaram os maus-tratos e as condições de escravizados em sua própria morada, tiveram que lutar contra os brancos.

Nesse momento, percebemos no semblante de seu Zé das Folhas uma tristeza de raízes profundas, pois o velho trabalhador narrava aqueles fatos com um engasgo na voz que não tínhamos percebido até então, e seu olhar ficou, por um instante, muito longe e triste. Percebendo o que ocorria com ele, nos mobilizamos de pronto e pedimos que os repentistas se aproximassem cantando temas mais alegres, que fizeram todos sorrirem. Seu Zé, como bom anfitrião, respondeu prontamente ao canto dos artistas e, de forma sutil e delicada, retomou o controle da cena tornando a nos contar suas histórias.

— Sabem, meus senhores, que, naqueles tempos, os Pataxós também foram atingidos pela cobiça do branco e que, para não morrer ou serem transformados em escravos, se dirigiram para outras bandas à procura de espaço para poder sobreviver? Vovô dizia que não sabia muito sobre os Pataxós, mas que ouviu histórias de seus ancestrais que contavam como eles se deslocaram para a região de Porto Seguro, Prado... Por aquelas bandas estabeleceram morada.

Mantendo o devido respeito, mas procurando enriquecer a fala de nosso amigo contador de história, um dos cantadores, o alegre e animado Meladinha, confirmou a história que ele acabara de nos contar e disse o seguinte:

— É verdade, seu Zé. Na última vez que fomos ao extremo sul da Bahia, conhecemos um grupo de descendentes dos Pataxós que comercializam o artesanato produzido por eles na Feira de Porto Seguro e nos contaram um pouco de sua história. O líder do grupo nos contou que os mais antigos ensinaram que, no passado, eles habitaram as terras do Sertão da Ressaca e foram expulsos pelos portugueses, que eram implacáveis guerreiros na arte da mentira e das armas, e tiveram que fugir para o sul da Bahia para poder sobreviver.

Como o dia já estava chegando a mais um final, resolvemos convidar nossos amigos da feira para nos visitar na segunda-feira à noite na casa do nosso amigo Dr. Curimatã. Para realizar nosso intento, Ubiratã ligou para a casa e falou com o cunhado, que não só concordou com o convite, como nos pediu para convidar quem mais quiséssemos. Mais uma vez nos despedimos, deixando com seu Zé das Folhas o telefone e o endereço para que nos encontrássemos no horário combinado para confraternizar e continuar nossa conversa. Aproveitando o embalo, Ubiratã ligou para Heráclito e para Maíra Gil e os convidou para ouvir a História do Banquete da Morte.

HORA DO BANQUETE

Comer é morrer

Figura 4
Representação do banquete cujo prato degustado foram os nativos

À noite, preparamos um maravilhoso churrasco a ser oferecido aos nossos convidados. Para realizar nosso intento, a casa passou por uma rigorosa faxina antes que nossos ilustres amigos chegassem, pois era nossa intenção proporcionar um verdadeiro banquete. Isso foi possível graças à boa vontade e à disponibilidade dos proprietários da residência, que gentil e fraternamente nos deram a oportunidade de retribuir a acolhida que recebemos na feira por seu Zé das Folhas e pela alegre e contagiante música dos repentistas Melado e Meladinha, que são, de fato e de direito, símbolo vivo da cultura popular do povo brasileiro.

Ao chegar à casa do Dr. Curimatã, seu Zé das Folhas, que tinha combinado com os repentistas de irem juntos, disse o seguinte:

Meu senhor, dono da casa
Dê-me licença pra entrar.
Que Tupã não deixe nada
Nessa casa faltar.

Esperou a resposta, que de pronto foi emitida:
— Pode entrar.

E assim nos dirigimos até a área próxima ao jardim, que ficava bem pertinho da churrasqueira, onde dispusemos as mesas e as cadeiras e iniciamos o banquete, ávidos para adquirir o conhecimento que aquelas ilustres visitas poderiam oferecer, para deleite de todos os que participaram daquele momento.

Ele, para não perder tempo, foi logo ganhando a atenção de todos com sua simplória simpatia e começou a nos brindar com suas histórias, entre elas a que tinha como tema "o Banquete da Morte", cujo enredo passou a reproduzir de forma pedagógica, ganhando os ouvidos atentos de Criativa, Guaraci, de minha esposa Janaina, das crianças, do cachorro da família, do meu amigo Ubiratã, dos repentistas e dos outros irmãos de Criativa: Ubiraci Curimatã, importante bioquímico da cidade, e o pesquisador e professor universitário Imbira Curimatã, além da curiosa atenção dos nossos amigos Heráclito e Maíra, que convidamos por telefone.

De pronto, o sábio comerciante colocou-se no centro da roda, dando início à história que, segundo ele, aprendera junto aos seus e que poderia servir como um resumo perfeito e acabado do que aconteceu com a cultura e o povo antigo naqueles tempos (de colonização), que podem nos servir de exemplo para melhor entendimento da nossa origem e de como devemos viver em nossos dias.

Foi assim que ele nos deu mais uma lição, utilizando como ferramenta a oralidade e os elementos de sua tradição cultural. Assim ele nos disse:

— A primeira coisa que vou pedir a todos é que se aproximem e, antes de qualquer coisa, agradeçam aos nossos ancestrais e ao Criador por esta oportunidade.

Respeitando a orientação do sábio, mesmo que alguns de nós não professassem nenhum tipo de religião, teve início aquela roda de conversa.

— Bem, minha gente, meu avô me contou que, certo dia, no passado, os portugueses se aproveitaram de uma estratégia de luta utilizada pelo povo antigo para, definitivamente, dominar e ocupar o território em que está situada a nossa cidade. Tudo aconteceu assim: os povos antigos eram matreiros e utilizavam pequenas estratégias para se vingar dos brancos pelos infortúnios causados às suas vidas após a sua chegada. Muitas vezes, os nativos faziam pequenos ardis para ludibriar e matar o homem branco, entre os quais vovô gostava de lembrar muito do seguinte: os Mongoiós eram uma gente esperta e, por vingança, aproximavam-se de determinado homem branco de forma gentil, convidando-o para conhecer locais de beleza e riqueza sem igual, como forma de atrair o ganancioso e, nesse momento, tratavam de emboscá-lo. Dessa forma, vários brancos desapareceram sem dar notícia. Como aprendi, o povo acabou guardando muita raiva de tudo que os brancos fizeram com a nossa gente e resolveu atrair aos poucos o homem branco para a mata, que ficava lá pelas bandas do poço escuro, onde hoje fica a Igreja Matriz. O problema é que um homem branco sobreviveu e conseguiu escapar, denunciando o que estava acontecendo, e a resposta foi terrível para o povo nativo.

Curioso, um dos irmãos de Criativa, o professor Imbira Curimatã, indagou:

— Perdoe-me a indelicadeza, senhor, mas o senhor está dizendo que os primeiros habitantes de nossa região eram traiçoeiros e violentos. Não foi assim que aprendi a pensar sobre os povos nativos.

Respondeu em tom sereno o contador de histórias:

— Eu sei, meu senhor, que na escola onde o senhor estudou os povos da terra eram vistos como mansos e pacatos. Aliás, já falei a esse respeito com os amigos lá em meu estabelecimento outro dia. Veja, senhor, o homem branco escreveu e contou nossa história do jeito que quis, por isso o senhor está estranhando minha prosa. Minha gente lutou para impedir a invasão de suas terras e para recuperar seu modo de vida. O problema é o que e como ensinam sobre o tempo antigo nas escolas, principalmente sobre o povo antigo que morava aqui. Acredito que fazem isso com o objetivo de mostrar que era uma gente acomodada, e isso não é verdade, não.

Assim, depois dessa pedagógica explicação, seu Zé perguntou a Imbira Curimatã:

— Compreende, meu senhor?

Ele fez um gesto de positivo com a mão e seu Zé voltou a contar o causo.

— Como eu ia dizendo, os brancos começaram a desconfiar de quem era o responsável pelos constantes relatos de desaparecimento que surgiram no povoado que eles começavam a construir e que, tempos depois, daria origem à cidade de Vitória da Conquista. Penso que o sentimento de vingança explica a atitude do povo antigo, que não aceitava a matança e a escravidão. Acredito também que foi por essa razão que os portugueses resolveram dar o troco.

Após essa observação, seu Zé pediu mais uma vez a atenção de todos, solicitou um pouco de água para "refrescar a palavra" e começou a contar a história da criação da cidade de Conquista. Nesse instante, as crianças, que normalmente brincavam explorando a boa dimensão de espaço oferecida pelo jardim da casa, foram se aproximando e, quietinhas, se sentaram para ouvir.

— Olha, meus amigos e formosa gente pequena que me ouve, aprendi, quando era criança do tamanho de vocês que estão aqui (àquela altura, a meninada rodeava seu Zé), que, depois de muitas lutas e batalhas, o homem branco conseguiu derrotar o povo da terra e estabeleceu seu domínio criando a cidade de Vitória da Conquista.

Subitamente, o irmão mais velho de Guaraci, o querido e gentil Ubiraci Curimatã, com o semblante saudoso, interrompeu seu Zé:

— Sabe, meu senhor, fiquei muito feliz em te conhecer, ainda mais por causa das histórias que o senhor nos contou neste dia. Saiba que me lembrei de meu falecido pai, que tinha o hábito de contar histórias para nos manter unidos e com o conhecimento necessário a respeito das coisas da nossa família e da nossa comunidade. Gostaria de lhe fazer uma pergunta: quando foi que Conquista foi fundada? Foi em 1783?

— Muito bem, seu doutor, acho que foi nessa época mesmo. Só peço desculpas por não ser tão instruído para falar das datas como o senhor.

Então, Ubiraci Curimatã retrucou:

— Que nada, meu velho! O saber que o senhor está nos proporcionando não tem preço. Por favor, continue.

Daí em diante, seu Zé disparou a falar:

— Gente do céu, meu avô costumava contar que a guerra que resultou na derrota do povo da terra aconteceu da seguinte maneira: no passado, aconteceu uma luta entre as tropas do homem branco, que eram lideradas por um nobre português conhecido como João Gonçalves da Costa, e o povo da tribo Mongoió, que causou muitas mortes e deixou os soldados muito impressionados com a bravura dos guerreiros indígenas. Diz a tradição do povo da terra que as tropas invasoras já não tinham mais forças para continuar a luta e que, ao saber disso, o seu comandante, que era um homem religioso, fez a Nossa Senhora a promessa de que iria construir uma igreja em devoção à Santa se eles vencessem a batalha. E foi assim que ele convenceu os seus soldados a continuar a luta, cujo resultado foi a vitória do homem branco realizando um acordo de paz com os indígenas sobreviventes e a construção da antiga igreja no alto da colina do povoado.

— Com o objetivo de situar cronologicamente o relato, pedi licença e observei aos presentes: de acordo com estudos históricos, no começo do século XIX (1803 e 1806), os colonizadores e os índios nativos alternavam momentos de paz e de conflito. Foi no decurso desses conflitos que os invasores tomaram uma atitude que acabou definindo os destinos dos povos antigos que habitavam a região até a chegada dos europeus.

Nosso anfitrião, com cara de espanto, indagou o contador de histórias:

— Foi assim mesmo que tudo aconteceu, meu prezado amigo?

Seu Zé das Folhas, com um ar professoral, respondeu:

— Até onde eu sei, foi assim que tudo aconteceu, mas só que eu ainda não contei tudo. A melhor parte eu deixei para contar quando estivesse na hora de ir embora, mas, pelo adiantado da hora, acho que vou contar agora mesmo. A história é a seguinte: meu avô me contou que, durante um dos momentos de paz vividos pelos povos antigos, ele aprendeu com um sábio Mongoió várias histórias sobre os costumes do homem branco, que, segundo ele aprendeu, gostava muito de fazer festa com muita comida e bebida, que eles chamavam de banquete. Pelo que me lembro, nessas festas só participavam os homens de posse, os outros não tinham permissão para participar, a não ser para trabalhar. Eu achava curioso o motivo que os levava a fazer uma festa, nesse caso só para um grupo, enquanto outros tinham apenas que trabalhar. Esse costume era muito diferente do nosso, pois, quando fazemos uma festa, todos são convidados a participar. Recordo-me que meu avô me chamava atenção para esse fato pois, segundo ele, a festa para o homem branco tinha como motivação atender ao desejo dos senhores das terras que chegaram aqui com o desejo de aumentar suas posses. Assim, eles resolveram realizar um banquete e chamaram o povo antigo para participar. O problema é que minha gente, quando fazia festa, era para celebrar, e eles fizeram o tal banquete para enganar e dominar nossos guerreiros. Vovô me contou que o banquete foi organizado com uma grande variedade de comidas e uma grande quantidade de cauim, cujo preparo levava uva, por isso o sabor era muito diferente para o paladar do povo antigo, mas, ao mesmo tempo, causara uma profunda curiosidade e um desejo de experimentar para conhecer. Saibam que, em nossa tradição, a bebida é preparada por meio do cozimento ou da fermentação da mandioca; além disso, eles tocavam uma música típica da cultura dos brancos. Assim, nossos guerreiros foram chegando e comendo e bebendo à vontade até perderem a noção do perigo. Enquanto isso, o comandante da tropa dos brancos preparava seus homens para, de surpresa, pegar os guerreiros desarmados, com a barriga cheia e enfraquecidos, na verdade bêbados. Desse modo, o povo antigo não percebeu que tinha sido convidado para cair em uma armadilha que tinha sido planejada como forma de vingança por causa das mortes de homens brancos ocorridas nas matas, como lhes contei antes. Depois disso, o arraial, agora sobre total controle dos invasores brancos, passou a ter segurança, e os guerreiros que não morreram embrenharam-se nas matas, fugindo e procurando sobreviver em outros lugares.

Naquele instante, percebendo o cansaço e a forte emoção que a lembrança daqueles fatos causara a seu Zé, o Dr. Curimatã interrompeu a história fazendo a seguinte declaração:

— Gente, li um artigo em um revista de Estudos de História, sobre os índios de Vitória da Conquista, que dizia que os nativos se estabeleceram em comunidades próximas à nossa cidade, a exemplo do Boqueirão, próximo ao distrito de José Gonçalves, e no Ribeirão do Paneleiro, nas cercanias do Bairro Bruno Bacelar. O texto chamou-me a atenção para uma questão muito interessante e que diz respeito à forma como as comunidades atuais costumam construir suas casas, os modelos de plantação de milho e de mandioca e a forma de produção de artesanato, que o autor, do qual não me lembro o nome agora, afirma ser um forte indício de nossa ancestralidade indígena, mas que, de forma contraditória, é confundida, em nossos dias, como originária exclusivamente de comunidades negras, os quilombolas, só que na realidade derivam da miscigenação de índios e negros.

Aproveitando a brecha, o Dr. Curimatã então exclamou:

— É importante perceber que os diferentes agrupamentos indígenas que compõem o cenário de ocupação das terras brasileiras no período anterior à chegada dos colonizadores, além de sua diversidade étnica e cultural, caracterizavam-se também por disputas e conflitos. Essa é a síntese a que chegamos depois de conhecer e ouvir as histórias de seu Zé das Folhas. Assim, conversando com o experiente senhor que tradicionalmente vende ervas e plantas medicinais na feira da cidade, perceberam *in loco* o significado da expressão proveniente da sabedoria popular: "se queres conhecer a cidade, vá à feira", espaço de oralidade, de trocas comerciais e de aquisição de conhecimentos em vários aspectos — alimentação, cultura, lazer e práticas medicinais do povo, de sua cultura e história.

Depois de tanto falatório, uma das crianças, em sua sabedoria, sentenciou:

— Gostei muito de tudo que ouvi, só que fiquei com fome! Que tal comer mais um pouquinho agora?

E, com o sorriso estampado no rosto, por força da forma espontânea como Jaci, filha caçula do Dr. Curimatã, nos exortou, nos dirigimos para a churrasqueira, onde nos deliciamos do banquete que tínhamos preparado para nossa reunião, com farta ingestão coletiva de carne. Simultaneamente, aproveitamos para dar um tempo para assimilar os conhecimentos que acabávamos de compartilhar, ou — por que não dizer, de forma antropofágica — degustar.